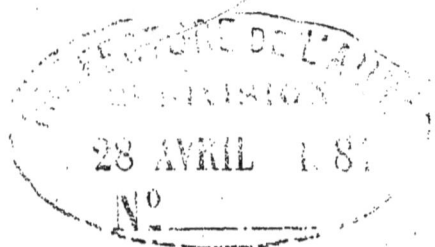

PATRIOTISME POLITIQUE

PAR

SINCÈRE

Prix : 30 centimes

Au moment où des élections vont avoir lieu dans toute la France, mû par un sentiment patriotique, nous avons cru être utile à nos concitoyens en mettant sous leurs yeux les citations suivantes, extraites des auteurs les plus profonds et les plus animés du sentiment national.

SINCÈRE.

PATRIOTISME POLITIQUE

On lit dans un *Programme municipal* :

S'il existait un conseil scolaire, il est probable que les écoles seraient conçues sur un tout autre plan. Il serait préférable que les écoles fussent moins monumentales, mais plus nombreuses et plus appropriées aux nécessités pédagogiques :

L'école est un atelier. Qu'elle soit de construction légère, sorte de halle, close en hiver, ouverte en été, avec beaucoup d'air et de clarté, c'est tout ce qu'il faut.

Avec un peu de méthode et d'ordre, on réalise bien des économies et l'on aurait bien des services.

Il a été parlé de l'emploi des femmes dans l'instruction. C'est un point sur lequel on ne saurait insister. Tant qu'il n'y a pas inconvénient démontré à employer la femme comme institutrice, quelle que soit l'école, elle doit toujours avoir la préférence sur l'homme, parce qu'elle a plus que lui le génie éducateur, parce qu'elle exerce sur l'enfance une influence salutaire, et enfin parce que l'enseignement est dans notre société industrielle et mercantile, une des rares carrières qui lui soient ouvertes et où il y a avantage d'utiliser ses facultés et ses aptitudes.

Dans une démocratie, l'enseignement peut être considéré comme le premier et le plus important des services publics.

C'est qu'en effet, l'enseignement est la diffusion d'une partie du capital social, formé de connaissances acquises depuis des siècles jusqu'à nos jours, et qui fournit à l'homme le moyen d'exploiter la nature et ses forces, de vivre, de se défendre et de s'enrichir. Qui sait, peut.

Donner le savoir, c'est donner le pouvoir...

République — Patrie !

Il faut que la République entre dans nos mœurs, dans notre sang. Qu'elle entre dans l'École, ce sera un grand pas de fait.

ALBERT LEROY.

Il s'agit de montrer à la démocratie ouvrière que, faute d'une suffisante conscience d'elle-même et de son idée, à porter l'appoint de ses suffrages sur des noms qui ne la représentent, à quelles conditions un parti entre dans la vie politique ; comment, dans une nation, la classe supérieure ayant perdu ses sens et la direction du mouvement, c'est à l'inférieur de s'en emparer, et comment un peuple, incapable de se régénérer par cette succession, est condamné à périr.

Posséder la capacité politique, c'est avoir la conscience de soi, comme membre d'une collectivité, affirmer l'idée qui en résulte et en poursuivre la réalisation. En trois mots, nous avons conscience, idée, et nous poursuivons une réalisation.

La société doit être considérée comme un géant aux mille bras qui exerce toutes les industries, produit simultanément toute richesse. Une seule conscience, une seule pensée, une seule volonté l'animent, et dans l'engrenage de ses travaux se révèlent l'unité et l'identité de sa personne.

Il existe en Belgique une démocratie ouvrière digne de fraterniser avec la démocratie française. P.-J. PROUDHON.

Le plus puissant moyen d'intéresser les hommes au sort de la patrie, c'est de les faire participer à son gouvernement.

A. DE TOCQUEVILLE.

L'honnêteté est toujours la meilleure politique ; c'est une maxime que je tiens pour également applicable aux affaires des nations et à celles des individus.

La nation qui se livre à des sentiments habituels d'amour ou de haine envers une autre, devient en quelque sorte esclave. Elle est esclave de sa haine ou de son amour. WASHINGTON.

Ainsi, dans la démocratie tous les citoyens sont égaux.

Il faut espérer, quand les hommes seront plus éclairés, les grands possesseurs devenus plus politiques, traiteront mieux leurs manœuvres.

VOLTAIRE, Dict. philosophique, p. 240.

Ne pactiser jamais avec la bassesse, ne jamais trahir la vérité, ne jamais laisser échapper un mot pour encourager le vice et ridiculiser la vertu. MANZONI.

Ce ne sont pas les difformités qui hidisent le plus l'homme, ce sont ses vices de caractère et ses mésactions.

La sincérité est la mise en action de la vérité du cœur et de la conscience.

Plus on obéit aux tentations, plus elles se multiplient.

La vérité est une fille du ciel qui mérite toutes les vénérations. Elle est nécessaire en tout et partout ; elle guide l'homme de bien, et ce n'est que par elle que nous sortons des faux qui égarent les esprits et les jugements. J.-B. RICHARD.

L'égalité s'écrit dans les lois longtemps avant de s'établir entre les races. Il faut une longue pratique de l'indépendance pour donner aux peuples républicains la noble attitude et la dignité polie du citoyen. PROYART.

Les vrais amis de la liberté et de la justice sont ceux qui veulent examiner avant que de juger. P. THION.

L'égalité pour l'homme n'est que celle des droits. VERGNIAUD.

On ne périt pas quand on a la bonne volonté de réussir. AMÉDÉE ACHARD.

La politique est une puissance, une science et un art. DAUNOU.

L'homme est un être politique. VACHEROT.

Le peuple a reconquis son indépendance et sa liberté. DUMOULIN.

L'ignorance seule endurcit le cœur.

La misère de l'homme ne saurait excuser son injustice.

Le progrès moderne a remplacé la nuit du cachot par un jour éclatant. *Mémoires d'un Déporté.*

Les républicains doivent se serrer les coudes plus que jamais. Ayons foi dans les grandes destinées de la patrie. La France est nécessaire au monde ; elle ressuscitera, elle est ressuscitée. Pas d'imprudence. EMILE GAYOT.

Il y a une infinité d'erreurs politiques qui, une fois adoptées, deviennent des principes. RAYNAL.

Je ne sais que deux manières de faire régner l'égalité dans le monde politique : il faut donner des droits à chaque citoyen ou n'en donner à personne. DE TOCQUEVILLE.

La liberté de la presse est un droit politique ; le journalisme est une profession commerciale. E. DE GIRARDIN.

Le règne de la justice est plus proche que les apparences ne le font croire aux politiques à courte vue. VACHEROT.

La courte intelligence
Est fort courte en science
Et ne peut voir de loin,
L'utile a son besoin.

La politique est la mer agitée par les tempêtes ; la philosophie est le temple majestueux et serein élevé par la doctrine des sages.

Les intérêts, les passions et les partis n'ont qu'un temps ; mais la science s'étend dans le passé et dans l'avenir, et elle répond pour l'homme aux besoins de sa double vie.   J. SIMON.

> Pour candidat prenons toujours le plus capable :
> Qui formule un bon choix est sans risque peccable.
> Comme on sème un bon grain on place un bulletin,
> Et la récolte arrive au lever du scrutin.
> « Que maudit soit le jour, et maudite soit l'heure
> Qui mit les histrions en royale demeure. »
>
> CHARLES DES GUERROIS.

Je voudrais, a dit MOLÉ, que le progrès des lumières ne permît plus d'enthousiasme sans estime, et que nos futurs grands hommes ne dédaignassent pas d'être hommes de bien.

Le nom de liberté par Dieu lui-même écrit.   A. BRIYEUX.

L'égalité est la première pièce de l'équité.

Essais de MONTAIGNE, liv. 1.

> Dans chaque chose il faut qu'on vise au nécessaire,
> Conduise à bonne fin n'importe en quelle affaire.
>
> *Les élections municipales*, par E. LEPELLETIER.

Il a paru a beaucoup d'esprits que, tout en ne cherchant des candidats que parmi les hommes d'un républicanisme éprouvé, on devrait leur demander autre chose que la pureté du civisme et l'inflexibilité systématique des opinions ; la capacité pratique, la culture intellectuelle, le savoir, l'acquit de la connaissance des hommes et de l'histoire, semblent devoir jouer un rôle tout nouveau dans les élections prochaines. Les hommes pratiques, les notoriétés de la science, des lettres et de l'industrie, injustement négligés par des électeurs trop séduits par des spécialités politiques, pourraient bien pénétrer enfin dans le conseil municipal, où pour quelques hommes de valeur, se trouvent tant de nullités ignorantes et prétentieuses.

On peut être écrivain distingué, un artiste célèbre, un médecin renommé, un avocat de talent, et cependant faire un très suffisant conseiller municipal.   E. LEPELLETIER.

La Hongrie à M. de Lesseps.

La France est le pays sacré de la liberté, où s'est accomplie la résurrection de l'homme. La France est l'avant-garde du monde.

La liberté était un trésor que les Romains préféraient à toutes les richesses de l'univers. BOSSUET (*Discours sur l'histoire universelle*).

Nulle puissance humaine n'est capable de faire rebrousser le cours des choses. *La loi des circonstances*, 1850, p. 2.

> Chacun peut se tromper dans la nature humaine,
> Et dans l'art du succès la règle est incertaine.
> Princes de la science, aigles du vrai savoir,
> Enseignez à chacun les règles du devoir.
> Il faut l'œuvre du temps dans l'art diplomatique
> Pour arriver au plan de bonne politique.
> Le peuple s'émancipe avec l'instruction,
> La science est le fruit de l'éducation.
> Un savant à lui seul vaut un aréopage,
> Car il cultive et sème, et produit et propage.

On a vu que, par l'établissement de l'enseignement intégral, la municipalité pouvait égaliser dans une assez large mesure la condition des citoyens.

Il faudrait que les travailleurs se groupassent en associations.

Pour atteindre ce but, il ne faut que de l'entente, de la volonté et de la raison. (Voir : *Un programme municipal.*)

> Il est bon de revoir chaque œuvre en son idée,
> Scruter l'opinion, voir comme elle est guidée.

Dans les situations précieuses, il faut des décisions vigoureuses.

A. DUMAS.

La République représentative est l'état futur du monde. Rien n'est plus facile que de s'attacher aux hommes qui font l'honneur de la patrie.

Honorons-les, recherchons-les, montrons leur gloire.

Un fait et un droit valent mieux que les doctrines ingénieuses uniquement fondées sur une manière particulière de voir.

ROGER DE BEAUVOIR.

Abandonnons la néfaste politique où nous engage un parti qui n'a plus de chefs, et acclamons la République réformatrice qui veut le progrès sans défaillance, les réformes sans ajournements, la liberté sans bornes.

GEORGES LAGUERRE.

Un drame en cinq actes.

Nous avons eu tort jusqu'ici en France, le tort de juger tous les peuples d'après nous. Nous croyons que des institutions péniblement établies, que tous les droits conquis par des siècles d'efforts et payés du plus pur de notre sang pouvaient devenir comme par enchantement le patrimoine des masses, hier encore inconscientes et barbares, aujourd'hui à peine dégrossies et plus turbulentes que pensantes.

La nature est impérieuse même pour les colosses de la politique.

EXTERIOR.

Attendons pour juger le temps, l'évènement :
Tout arrive à propos à tout bon sentiment.

Pour faire quelque chose, il faut être un grand homme et non un politicien.   J. CLARETIE.

Tous les exemples de la nature nous attestent que rien de violent n'est perpétuel.

Un chef d'Etat doit faire ses efforts pour que son gouvernement soit naturel. Or, un gouvernement n'est naturel que s'il ne repose pas sur la passion et sur la volonté, et s'il ne commande rien sans raison en dehors de la loi.   EGIDIUS.

En Amérique, il existe non seulement des institutions communales, mais encore un esprit communal qui les soutient et qui les vivifie.

La commune de la Nouvelle-Angleterre réunit deux avantages qui, partout où ils se trouvent, excitent vivement l'intérêt des hommes ; savoir, l'indépendance et la puissance. Elle agit, il est vrai, dans un cercle dont elle ne peut sortir, mais ses mouvements y sont libres. Cette indépendance seule lui donnerait déjà une importance réelle, quand sa population et son étendue ne la lui assureraient pas.

Il faut bien se persuader que les affections des hommes ne se portent, en général, que là où il y a de la force. On ne voit pas régner l'amour de la patrie dans un pays conquis. L'habitant de la Nouvelle-Angleterre s'attache à sa commune, non pas autant parce qu'il y est né, que parce qu'il voit dans cette commune une corporation forte dont il fait partie, et qui mérite la peine qu'on cherche à la diriger.

Il arrive souvent en Europe, que les gouvernements eux-mêmes regrettent l'absence de l'esprit communal ; car tout le monde convient que l'esprit communal est un grand élément d'ordre et de tranquilité publique ; mais ils ne savent pas comment le produire.

En rendant la commune forte et indépendante, ils craignent de partager la puissance sociale et d'exposer l'Etat à l'anarchie. Or, ôtez la force et l'indépendance de la commune, vous n'y trouverez jamais que des administrés et point de citoyens.

La commune de la Nouvelle-Angleterre est ainsi constituée, qu'elle peut servir de foyer à de vives affections et en même temps il ne se trouve rien à côté d'elle qui attire fortement les passions ambitieuses du cœur humain.

Aux Etats-Unis, on pense avec raison que l'amour de la patrie est une espèce de culte par lequel les hommes s'attachent à la cité, par une raison analogue à celle qui fait aimer leurs pays aux habitants des montagnes. Chez eux, la patrie a des traits marqués et caractéristiques; elle a plus de physionomie qu'ailleurs.

Les communes de la Nouvelle-Angleterre ont eu généralement une existence heureuse. Leur gouvernement est de leur goût aussi bien que de leur choix. Au sein de la paix profonde qui règne en Amérique, les organes de la vie municipale sont plus pratiques et plus nombreux. La direction des intérêts communaux est plus aisée.

L'habitant de la Nouvelle-Angleterre s'attache à sa commune parce qu'elle est forte et indépendante ; s'y intéresse parce qu'il concourt à la diriger ; il l'aime parce qu'il n'a pas à s'y plaindre de son sort; il place en elle son ambition et son avenir ; il se mêle à chacun des incidents de la vie communale. Dans cette sphère restreinte qui est à sa portée, il s'essaie à gouverner la société; il s'habitue aux formes sans lesquelles la liberté ne procède que par des révolutions, se pénètre de l'esprit, prend goût à l'ordre, comprend l'harmonie des pouvoirs, et rassemble, enfin, des idées claires et pratiques sur la nature de ses devoirs ainsi que sur l'étendue de ses droits.

La révolution aux Etats-Unis a été produite par un goût mûr et réfléchi pour la liberté, et non par un instinct vague et indéfini d'indépendance. Elle ne s'est point appuyée sur des passions de désordre ; mais au contraire, elle a marché avec l'amour de l'ordre et de la légalité.

Aux Etats-Unis donc on n'a point prétendu que l'homme dans un pays libre eût le droit de tout faire; on lui a, au contraire, imposé des obligations sociales plus variées qu'ailleurs; on n'a point eu l'idée d'attaquer le pouvoir de la société dans son principe et de lui contester ses droits, on s'est borné à les diviser dans son exercice. On a voulu de cette manière arriver à ce que l'autorité fût grande et les fonctionnaires petits, afin que la société continuât à être bien réglée et restât libre.

Il n'est pas au monde de pays où la loi parle un langage aussi absolu qu'en Amérique, et il n'en existe pas non plus où les droits de l'appliquer soient divisés entre tant de mains.

Ce sont les magistrats municipaux que le plus souvent on charge de tenir la main à l'exécution des lois générales de l'Etat, ou de les exécuter eux-mêmes.

Au Massachusetts le pouvoir administratif est presque entièrement renfermé dans la commune ; mais il s'y trouve divisé en beaucoup de mains.

Dans la commune de France, il n'y a, à vrai dire, qu'un seul fonctionnaire administratif : le maire.

De la démocratie en Amérique, par A. DE TOCQUEVILLE.

Aux Etats-Unis la démocratie n'est pas comme en France un vain mot démenti, à chaque instant, par les faits. Institutions et mœurs, tout y est en harmonie. Le pouvoir ne s'y aliène pas, il s'y délègue et pour un temps très limité. LAROUSSE.

Pense-t-on qu'après avoir détruit la féodalité et vaincu les rois, la démocratie reculera devant les bourgeois et les riches ? S'arrêtera-t-elle maintenant qu'elle est devenue si forte et ses adversaires si faibles ?

A. DE TOCQUEVILLE.

Il faut pour qu'un état soit puissant que le peuple ait une liberté fondée sur les lois.

Un républicain est toujours plus attaché à sa patrie qu'un sujet à la sienne, pour la raison qu'on aime mieux son bien que celui de son maître.

Ce qui est nécessaire à tout homme en place, c'est de ne laisser sortir personne mécontent de sa présence, et de se rendre agréable à tous ceux qui l'approchent.

On ne peut faire du bien à tout moment ; mais on peut dire des choses qui plaisent. L'Esprit de VOLTAIRE.

Le parti démocratique est seul en progrès, parce qu'il marche vers le monde futur. CHATEAUBRIAND.

Dans un état démocratique, le budget de l'instruction publique a le pas sur tous les autres. VACHEROT.

La France est un pays essentiellement démocratique. LAMARTINE.

Bientôt le principe démocratique régnera seul : il est dans les lois, il est dans les mœurs, il est dans les habits. Mme EMILE DE GIRARDIN.

Le suffrage universel est le principe démocratique par excellence.

PROUDHON.

La réunion de toutes les forces particulières forme ce qu'on appelle l'Etat politique. GRAVINA.

Les lois qui établissent le droit de suffrage sont fondamentales dans le gouvernement républicain.

Le peuple qui a la souveraine puissance doit faire par lui-même tout ce qu'il peut bien faire.

C'est une loi fondamentale de la démocratie que le peuple seul fasse des lois.

Les lois de l'éducation sont les premières que nous recevons, et comme elles nous préparent à être citoyens, chaque famille particulière doit être gouvernée sur le plan de la grande famille qui les comprend tous.

La liberté est le seul bien qui mérite qu'on le défende.

Les pays ne sont pas cultivés en raison de leur fertilité, mais en raison de leur liberté.

Les hommes sont nés pour vivre ensemble, sont nés aussi pour se plaire ; et celui qui n'observerait pas les bienséances, choquant tous ceux avec qui il vivrait, se discréditerait au point, qu'il deviendrait incapable de faire aucun bien.　　　　MONTESQIEU.

La classe la plus attractive à sa patrie est celle des laboureurs.
　　　　　　　　　　　　　　　　　　　RAYNAL.

> L'homme le plus utile est un cultivateur,
> Mais malheureusement un pauvre agriculteur ;
> Dans la biblothèque à peine a-t-il un livre
> Pour lui bien enseigner sa théorie à suivre.

Un peu moins de romans et plus de livres agricoles me semblerait préférable dans les biblothèques communales ou scolaires. On oublie trop, je crois, que vingt millions de Français s'occupent et vivent des produits de l'agriculture.

La préface de toute bonne loi électorale est une loi sur l'instruction populaire.　　　　　　　　　　　　　E. DE GIRARDIN.

L'histoire explique le présent, éclaire l'avenir et c'est pourquoi nous tenons à dire les causes qui ont causé la fortune politique et perdu ensuite le pouvoir.　　　　　　　　　　　EXTÉRIOR.

> Le mal qu'on aperçoit c'est mal que de le taire
> Nous y devons porter remède salutaire
> Le plus noble but est d'instruire les humains,
> D'applaudir aux progrès de la voix et des mains.
> L'un l'autre instruisons-nous par de saines lectures,
> Publions des journaux, répandons des brochures.
> Faut suivre en son époque et les lois et les mœurs
> Et scruter les replis que renferment les cœurs.
> Le vote universel guérit la violence,
> C'est l'arme du progrès avec son excellence.

> Avec l'instruction l'homme est plus social,
> Sans cesse se renseigne, est plus brave et loyal.
> En marchant au hasard, on s'expose au naufrage,
> Il est bon de savoir prévenir un orage.
> Quand la mésaventure arrive et fond sur nous,
> Trop tard il est de dire : Ah ! prenez garde à vous !
> La combativité des luttes, ou des querelles,
> Egare outre mesure. Ah ! quand cesseront-elles ?
> Politique nouvelle à tout peuple nouveau,
> C'est la nouvelle aurore au vif éclat si beau.
> Instruisons, éclairons notre démocratie ;
> Aimons à couronner l'œuvre de la patrie !

L'éducation parmi les choses utiles doit comprendre celles qui sont d'une absolue nécessité.

Il faut tâcher de donner au corps santé et adresse, et à l'esprit courage généreux.

La démocratie est caractérisée par la liberté et l'égalité ; plus l'égalité des droits sera complète, plus la démocratie existera dans toute sa pureté.

La République doit se maintenir par l'amour seul des citoyens.

ARISTOTE.

Il faut prendre garde que les lois faites en faveur des ouvriers n'échouent par le mauvais vouloir des patrons. M. GIRARD.

> L'habileté prospère où l'indolence échoue.
> L'Empire a mal fini, comme ce qui mal joue.

Les séances des conseils municipaux ou assemblées similaires sont publiques en Autriche, en Hongrie, en Suisse, ou les citoyens non conseillers peuvent prendre la parole ; à Genève où le conseil est identique aux nôtres ; en Prusse, dans les provinces orientales ; en Westphalie, dans les provinces Rhénanes, dans le Sleswig, en Hanovre, en Bavière, dans le Palatinat, en Saxe royale, en Wurtemberg, dans le duché de Bade, à Stockolm, en Norwège, en Belgique, dans les Pays-Bas, en Italie, en Espagne, en Portugal. Il ne reste que l'Angleterre dont l'administration locale est enchevêtrée de vieux usages féodaux ; la Russie, le Danemark, la Turquie et la France !

VRIGNAULT.

> Avec la liberté, les lois électorales
> Patriotiquement seront plus libérales.
> La machine à voter enferme contre et pour
> Ainsi qu'une girouette alterne tour à tour.

Il faut se méfier du piètre politique
Dont le cœur n'a d'écho que le son métallique.
Qui tourne à tous les vents et nage à tous les flots
Machine à politique usant de tous les mots.
La bonne intelligence au bonheur salutaire
Avec peine regarde un homme réfractaire.
Le meilleur conseiller c'est le plus libéral ;
En toute conscience, il vit impartial.
Fait du mieux qu'il peut faire et du mieux qu'il peut dire ;
La résolution sans cesse à bien l'inspire.
Le drapeau du devoir et celui de l'honneur
Produisent loyauté, fidélité du cœur.

La réclame d'un artisan.

S'il arrive parfois que l'homme riche, heureux,
Méconnaît les besoins, s'il n'est pas généreux.
Un homme ayant souffert des traits de l'infortune,
Ressent mieux ce qu'il faut d'une chose opportune.
Comment donc qu'on oublie un utile ouvrier,
Pour être en sa commune au rang de conseillers.
Chaque homme ayant souffert mille maux de la vie,
Celui-là mieux qu'un autre a son plan arrêté :
Le génie est le fils de la nécessité.
Nous sommes tous enfants de la même patrie,
Nous la représentons en art, en industrie,
Ne pourrions-nous donc pas pour la représenter
La servir au besoin et faire exécuter,
En urgence aussi bien qu'un Monsieur d'importance,
Prévoir également qu'un marquis d'arrogance ?
Un modeste artisan accessible au besoin,
Y peut remédier, s'en acquitte avec soin ;
Sans cesse s'initie à l'œuvre populaire.
Le bon sens est un guide, une étoile polaire.
L'homme au-dessus de nous ne connaît pas nos maux,
Dans ce qui pèche ou manque ou gêne en ses défauts,
Le docteur éloigné ne voit la maladie.
En chaque chose il faut connaître sa partie.
Plus un homme a souffert et mieux il doit sentir
Le remède efficace et sait y compatir.
A toute maladie il faut qu'on intercède,
Le plus vite possible apporter un remède.
Ce qui nous intéresse et nous donne un émoi,
N'est que ce que l'on voit bien en face de soi.
Plus d'une maladie à la fois se déclare
Au plus vite possible il faut qu'on y répare,
    Par des soins incessants
    A ses besoins pressants ;

Il faut, scalpel en main, trancher la maladie,
Le mal se guérit vite alors qu'on remédie.
Connaître un candidat est un droit d'électeur
Mais dans ce candidat trouverais-je un docteur ?
Il est bon de tout voir en art, en politique,
La théorie est bonne et mieux vaut la pratique.
En politique, en mœurs aussi bien qu'en amour
Il faut que l'on calcule et le pour et le contre.

La grandeur de la démocratie est de ne rien nier et de ne rien dénier de l'humanité.   Victor Hugo.

L'opinion écoute, elle discute d'abord, et quand elle juge, si son jugement est sévère c'est que le blâme ou le bien est dûment mérité.
                                                          Mlle Deslys.

La Réclame d'un cultivateur.
Le progrès marche et la cause de la liberté gagne du terrain.
                                                          J. Claretie.

Mundus domus est : omnes homines cognati.
Le monde est comme une famille, tous les hommes sont frères.
                                      Talland, *philosophe anglais.*

Il n'y a pas de personnel plus intéressant à tous les titres que le personnel de l'enseignement primaire. Il n'y a pas de cause plus chère à la République et à tous les républicains que celle de l'instruction. Depuis qu'elle existe, la République a fait plus en quelques années que tous les gouvernements précédents en un demi-siècle. L'œuvre n'est pas terminée, il reste à poursuivre vigoureusement. O. Montprofit.

Je désirerais que chaque canton ou au moins chaque chef-lieu possédât une ferme-modèle appropriée aux productions du sol environnant : ce serait, je crois, un bon moyen d'encourager les fils des cultivateurs à ne plus autant quitter la province pour aller s'engouffrer dans les villes.

Ce qui manque à la France, disait Vicaire, c'est l'esprit rural.

Depuis vingt ans, dit Louis Hervé, les idées ont marché ; nos préjugés sont sérieusement battus en brèche par des hommes courageux et énergiques, qui ne se sont pas bornés à les attaquer, mais qui, par l'exemple d'un certain philosophe d'Athènes, ont marché pour prouver le mouvement ; c'est-à-dire ont introduit l'enseignement agricole dans l'instruction classique à tous les degrés, avec la mesure, la prudence nécessaires, et ont obtenu des résultats qui peuvent désarmer toutes les résistances de la routine pédagogique ; c'est à l'initiative privée que revient l'honneur de cette réforme classique dont les fruits sont déjà recueillis par les contrées qui en eurent les prémices. Nous avons beaucoup à faire en France pour élever l'instruction agricole à la hauteur de nos besoins publics et privés. Cependant la voie est ouverte, il ne reste plus qu'à y marcher avec prudence, mais avec énergie et persistance. L'éducation rurale des filles est à défaire d'abord, puis à refaire pour l'acheminer dans la voie du progrès agricole.

Tout le monde sait que la femme fait la prospérité ou la ruine d'un cultivateur. Jusqu'ici l'éducation des filles semble avoir été calculée en vue de leur donner ce dernier rôle. La presse agricole le crie sur tous les tons ; le beau sexe laisse crier, et continue de trouver excellente l'éducation qui consiste à broder, à pianoter, à fabriquer des fleurs artificielles, à lire de petits romans à l'eau de rose, ou les organes les plus enfantins de la presse des modes. Ce qui mène au parfait mépris du travail et du ménage champêtres.

Partout de courageux efforts ont été faits pour réagir contre cette désastreuse éducation.

Les institutions qui viennent du cœur ou de l'âme, il faut les prendre quand et là où elles naissent de cet esprit « qui souffle où il veut », et travailler à répandre la bonne semence qu'elles sèment sous leurs pas.

On l'a dit de tous temps avec sens et raison,
C'est la femme qui fait ou défait la maison.

Sur les trente-six millions d'habitants que possède la France, à peu près les deux tiers habitent la campagne : Consultez les chroniques ou les statistiques sanitaires, et vous verrez que plus les cités sont populeuses, plus elles sont malsaines et plus le nombre des crimes est grand, proportionnellement au nombre des individus.

L'agriculture n'est-elle pas la nourricière du genre humain, la mère de toutes les industries et la plus sûre de toutes les professions ?

Les hommes de génie par excellence, nos plus savants auteurs, nos plus grands capitaines, ont tour à tour eu de la propension pour l'agriculture.

Virgile, Fénelon, Bernardin de Saint-Pierre, Delille et tant d'autres ingénieux érudits nous font voir dans leurs immortels écrits que le bonheur et la prospérité des nations ne se trouvent que chez les peuples adonnés à l'agriculture.

N'y a-t-il pas autant de noblesse de cœur et de grandeur d'âme d'arroser de sa sueur le sol de la terre que d'aller verser son sang pour la défense de la patrie ?

Si l'agriculture est le premier des arts, il faut avouer qu'elle est à tous égards la science la plus utile, la plus noble, la plus morale, mais peut-être aussi la plus difficile et la moins en honneur. C'est sans doute pourquoi beaucoup de cultivateurs, séduits par l'idée trop souvent illusoire du bonheur apparent et tranquille, et de l'heureuse aisance des professions industrielles, s'ils ne désertent pas eux-mêmes les champs, poussent du moins leurs fils vers les villes : là, disent-ils, affranchis de pénibles labeurs, ils trouveront le bonheur, les honneurs, la tranquillité, les richesses ; quelques-uns, il est vrai, réussissent ; mais un grand nombre, trop souvent, que trouvent-ils? des déceptions, sinon la honte et la misère. L'on a quelques loisirs, à quoi les occupe-t-on ? L'un devient joueur, l'autre suppôt de Bacchus; celui-ci va voir les Phrynés, lesquelles lui donnent les maux rapportés par Chistophe Colomb; celui-là prenant goût à la politique devient un avocat d'esta-minet. Ne vaudrait-il pas beaucoup mieux que les fils exerçassent la même profession que leurs parents ? ils auraient du moins des maîtres qui ne les chasseraient pas pour la moindre faute ; ils auraient des maîtres toujours prêts à extirper l'hydre naissante de leurs funestes penchants ; ils goûteraient les joies pures de la famille, cet asile du bonheur.

Ne serait-il pas plus utile et surtout plus hygiénique d'améliorer ses terres que d'aller respirer la vie bruyante et enfumée des grandes villes !... s'étioler dans une manufacture, une boutique, un bureau..., jaunir, pâlir des années entières sur des livres pour obtenir un brevet, un diplôme... trop souvent une mort prématurée !

Imp^ie J. BRUNARD, Troyes, rue Urbain IV, 85.

www.ingramcontent.com/pod-product-compliance
Lightning Source LLC
Chambersburg PA
CBHW070754280326
41934CB00011B/2929